школа - école	2
путовање - voyage	5
транспорт - transport	8
град - ville	10
пејсаж - paysage	14
ресторан - restaurant	17
супермаркет - supermarché	20
напитци - boissons	22
јело - aliments	23
сеоско газдинство - ferme	27
кућа - maison	31
дневна соба - salle de séjour	33
кухиња - cuisine	35
купаоница - salle de bains	38
дечија соба - chambre d'enfant	42
одећа - vêtements	44
канцеларија - bureau	49
економија - économie	51
занимања - professions	53
алати - outils	56
музички инструмент - instruments de musique	57
зоолошки врт - zoo	59
спорт - sports	62
активности - activités	63
породица - famille	67
тело - corps	68
болница - hôpital	72
хитни случај - urgence	76
земља - Terre	77
сат - heure	79
седмица - semaine	80
година - année	81
облици - formes	83
боје - couleurs	84
супротности - opposés	85
бројеви - nombres	88
језици - langues	90
ко / шта / како - qui / quoi / comment	91
где - où	92

Impressum
Verlag: BABADADA GmbH, Nedderfeld 112 , 22529 Hamburg
Geschäftsführer / Verlagsleitung: Harald Hof
Druck: Books on Demand GmbH, In de Tarpen 42, 22848 Norderstedt

Imprint
Publisher: BABADADA GmbH, Nedderfeld 112 , 22529 Hamburg, Germany
Managing Director / Publishing direction: Harald Hof
Print: Books on Demand GmbH, In de Tarpen 42, 22848 Norderstedt

школа
école

- учиона / salle de classe
- делити / diviser
- плоча / tableau
- школско двориште / cour d'école
- наставник / enseignant
- папир / papier
- писати / écrire
- хемијска оловка / stylo
- радни сто / bureau de travail
- лењир / règle
- књига / livre
- ученик / écolier

торба
sac d'écolier

перница
trousse

графитна оловка
crayon

шиљило за оловке
taille-crayon

гумица за брисање
gomme à effacer

блок за цртање
bloc de papier à dessin

цртеж
dessin

кист
pinceau

кутија са бојама
boîte de peintures

маказе
ciseaux

лепило
colle

бележница
cahier d'exercices

домаћи задатак
devoirs

број
chiffre

сабирати
additionner

одузимати
soustraire

множити
multiplier

рачунати
calculer

слово
lettre

абецеда
alphabet

реч
mot

школа - école

текст
texte

читати
lire

креда
craie

час
leçon

дневник
le cahier de notes

испит
examen

сведочанство
certificat

школска униформа
uniforme scolaire

образовање
éducation

лексикон
encyclopédie

универзитет
université

микроскоп
microscope

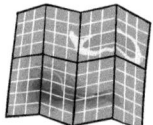
карта
carte

кошара за папир
corbeille à papier

школа - école

путовање
voyage

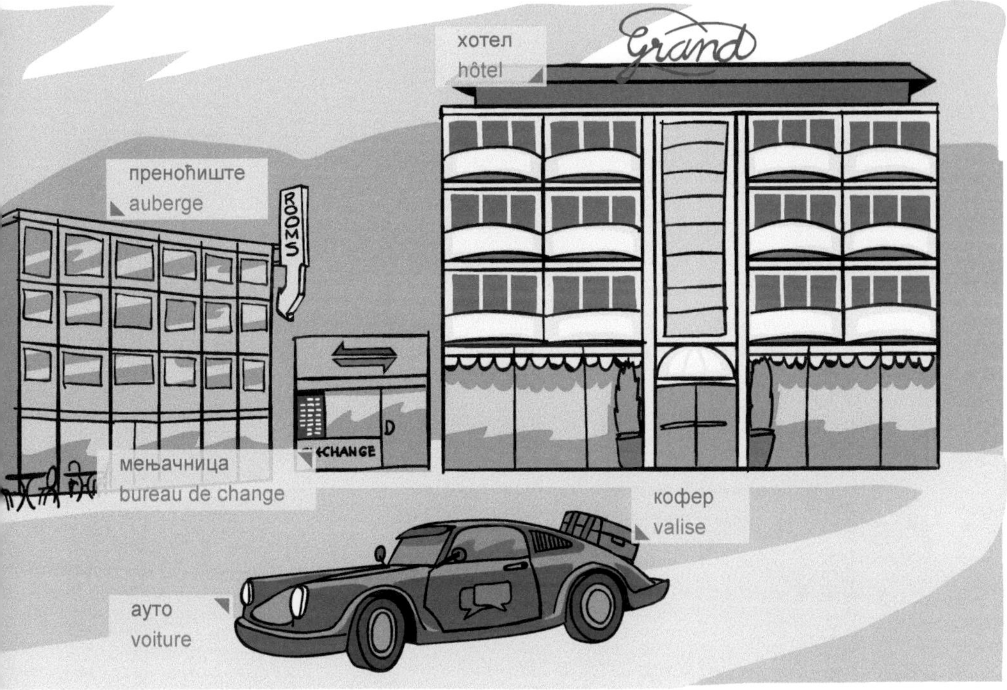

Grand
хотел
hôtel
преноћиште
auberge
ROOMS
мењачница
bureau de change
кофер
valise
ауто
voiture

језик

langue

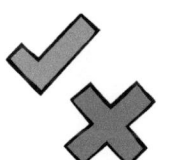

да / не

oui / non

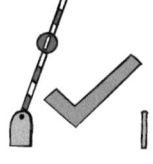

океј

Okay

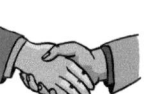

здраво

Allo!

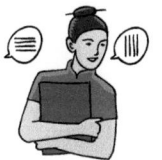

преводилац

traducteur

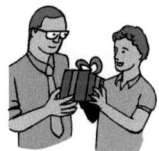

хвала

Merci

Колико кошта...?
Combien coûte...?

не разумем
Je ne comprends pas

проблем
problème

добро вече!
Bonsoir !

Добро јутро!
Bonjour !

Лаку ноћ!
Bonne nuit !

довиђења
bye bye

смер
direction

пртљага
bagages

торба
sac

руксак
sac à dos

гост
invité

соба
pièce

врећа за спавање
sac de couchage

шатор
tente

путовање - voyage

туристичке информације
bureau d'information touristique

плажа
plage

кредитна картица
carte de crédit

доручак
déjeuner

ручак
dîner

вечера
souper

карта за вожњу
billet

лифт
ascenceur

поштанска маркица
timbre

граница
frontière

царина
douane

амбасада
ambassade

виза
visa

пасош
passeport

путовање - voyage

транспорт
transport

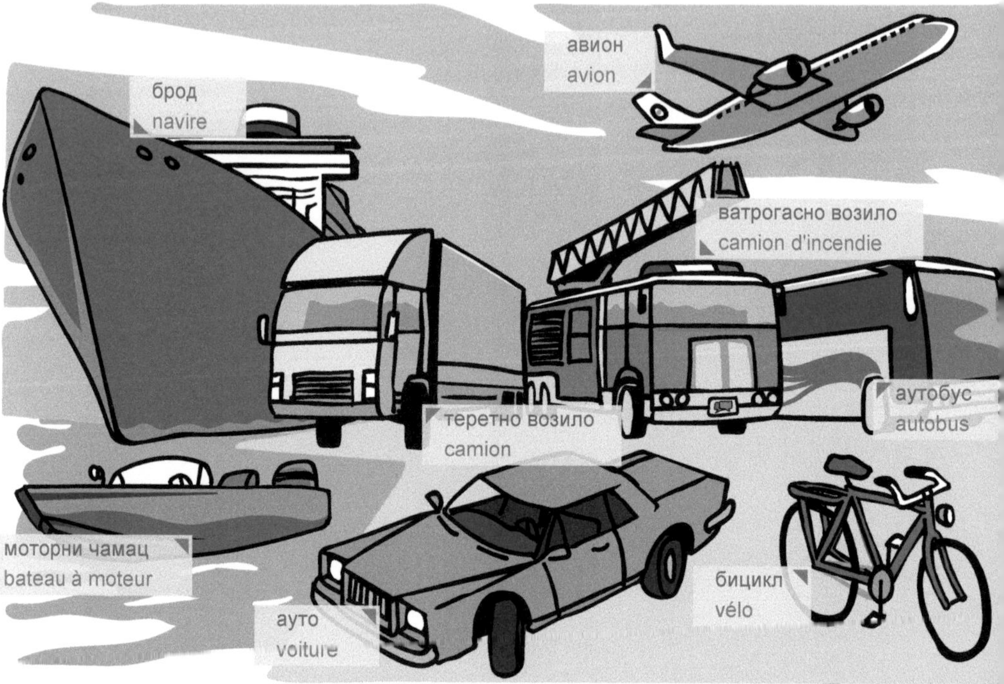

авион / avion

брод / navire

ватрогасно возило / camion d'incendie

теретно возило / camion

аутобус / autobus

моторни чамац / bateau à moteur

бицикл / vélo

ауто / voiture

трајект

traversier

чамац

bateau

мотоцикл

motocyclette

полицијски ауто

voiture de police

тркаћи ауто

voiture de course

изнајмљено ауто

voiture de location

дељење аутомобила / autopartage

вучно возило / dépanneuse

возило за одвоз смећа / camion à ordures

мотор / moteur

бензин / carburant

бензинска станица / station-service

 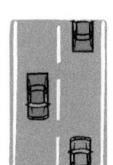 

саобраћајни знак / anneau de signalisation

саобраћај / circulation

застој / embouteillage

паркиралиште / parc de stationnement

железничка станица / gare

шине / voies ferrées

 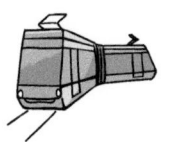 

воз / train

трамвај / tramway

вагон / wagon

транспорт - transport

хеликоптер
hélicoptère

аеродром
aéroport

кула
tour

путник
passager

контејнер
conteneur

картон
boîte en carton

колица
chariot

корпа
panier

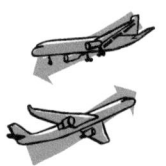
узлетети / слетети
décoller / atterrir

град
ville

село
village

центар града
centre-ville

кућа
maison

град - ville

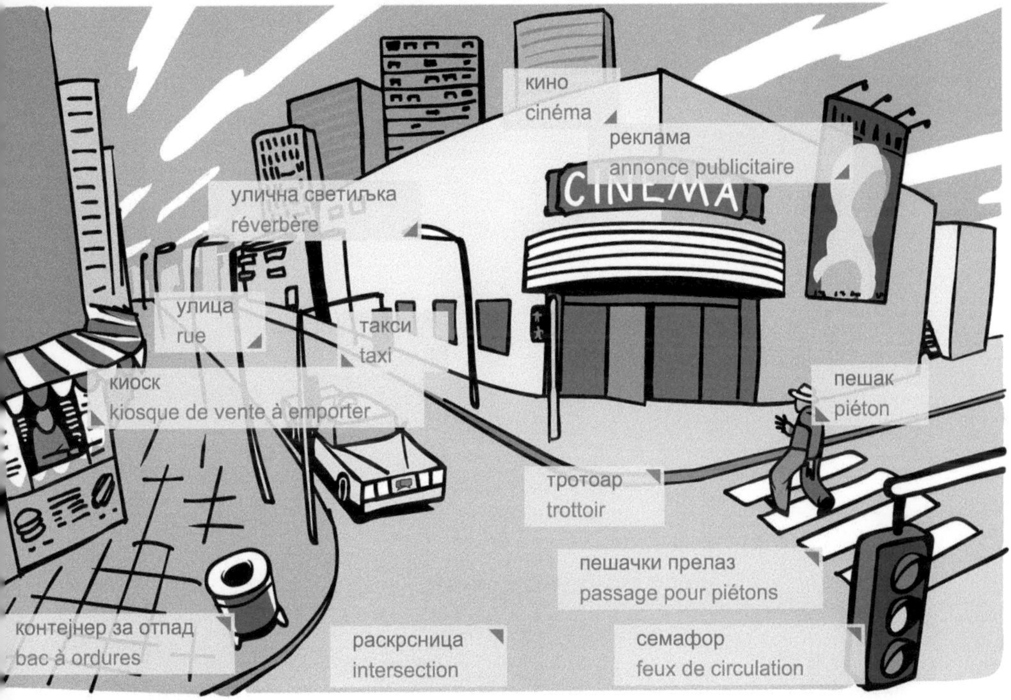

колиба
cabane

стан
appartement

железничка станица
gare

већница
hôtel de ville

музеј
musée

школа
école

град - ville

универзитет
université

банка
banque

болница
hôpital

хотел
hôtel

апотека
pharmacie

канцеларија
bureau

књижара
librairie

продавница
magacin

цвећара
fleuriste

супермаркет
supermarché

трг
marché

робна кућа
grand magasin

рибарница
poissonnerie

трговачки центар
centre commercial

лука
port

град - ville

парк
parc

клупа
banc

мост
pont

степенице
escaliers

подземна железница
métro

тунел
tunnel

аутобуска станица
arrêt d'autobus

бар
bar

ресторан
restaurant

поштанско сандуче
boîte à lettres

улични знак
plaque de rue

паркирни аутомат
parcomètre

зоолошки врт
zoo

базен
bains publics

џамија
mosquée

град - ville

сеоско газдинство
ferme

загађење околине
pollution

гробље
cimetière

црква
église

игралиште
aire de jeux

храм
temple

пејсаж
paysage

- лист — feuille
- путоказ — panneau indicateur
- пут — chemin
- ливада — pré
- камен — pierre
- дрво — arbre
- шетач — randonneur
- река — rivière
- трава — herbe
- цвет — fleur

долина
vallée

планина
colline

језеро
lac

шума
forêt

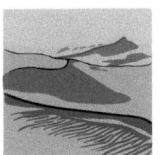

пустиња
désert

вулкан
volcan

дворац
château

дуга
arc-en-ciel

гљива
champignon

палма
palmier

москито
moustique

мува
mouche

мрав
fourmi

пчела
abeille

паук
araignée

пејсаж - paysage

буба
scarabée

жаба
grenouille

веверица
écureuil

јеж
hérisson

зец
lièvre

сова
chouette

птица
oiseau

лабуд
cygne

дивља свиња
sanglier

јелен
cerf

лос
orignal

насип
barrage

ветрењача
éolienne

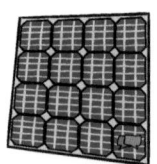

соларна плоча
panneau solaire

клима
climat

пејсаж - paysage

ресторан
restaurant

конобар
serveur

јеловник
menu

столица
chaise

пица
pizza

супа
soupe

прибор за јело
coutellerie

столњак
nappe

предјело
hors-d'œuvre

главно јело
plat principal

десерт
dessert

напитци
boissons

јело
aliments

флаша
bouteille

ресторан - restaurant

брза храна
restauration rapide

имбис храна
cuisine de rue

чајник
théière

доза за шећер
sucrier

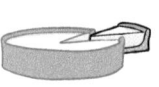

порција
part

апарат за еспресо
machine à expresso

висока столица
chaise haute d'enfant

рачун
facture

послужавник
plateau

нож
couteau

виљушка
fourchette

кашика
cuillère

чајна кашика
cuillère à thé

салвета
serviette

чаша
verre

ресторан - restaurant

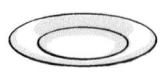

тањир
assiette

тањир за супу
assiette creuse

тањирић
soucoupe

сос
sauce

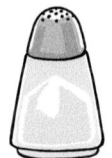

сољенка
salière

млин за бибер
moulin à poivre

сирће
vinaigre

уље
huile

зачини
épices

кечап
ketchup

сенф
moutarde

мајонеза
mayonnaise

ресторан - restaurant

супермаркет

supermarché

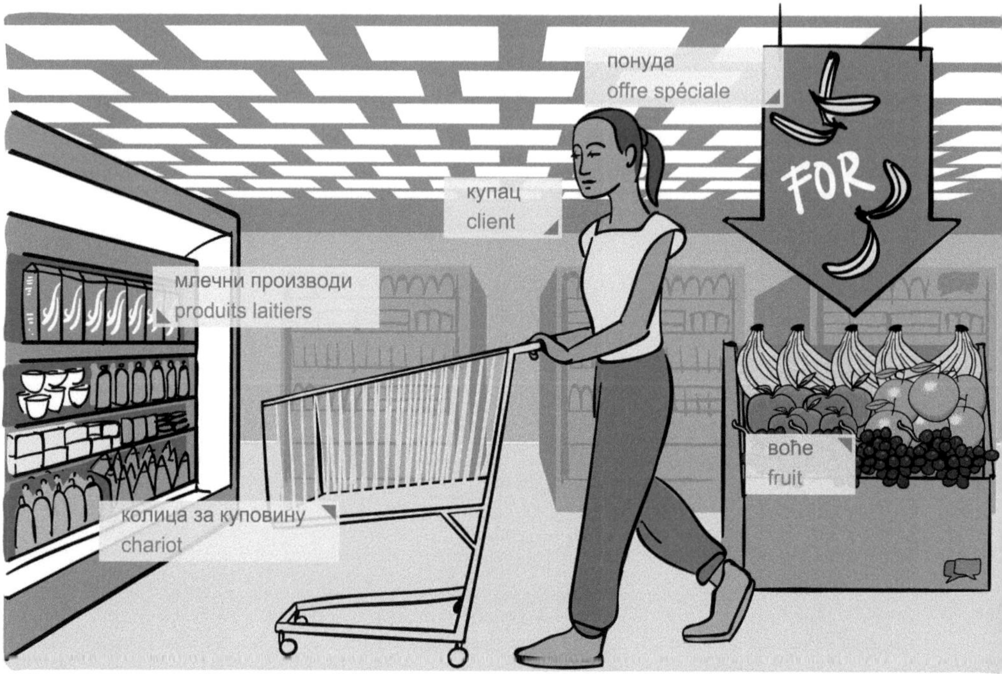

понуда
offre spéciale
FOR
купац
client
млечни производи
produits laitiers
воће
fruit
колица за куповину
chariot

BUTCHERS

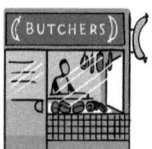

месница

boucherie

BAKERY

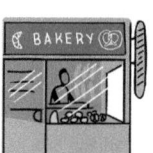

пекара

boulangerie

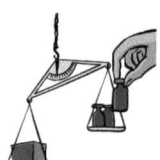

вагати

peser

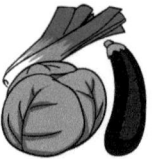

поврће

légumes

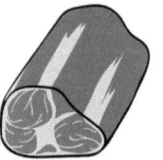

месо

viande

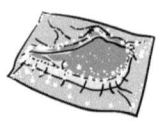

смрзнута храна

aliments congelés

нарезак
viandes froides

конзерве
conserves

средство за прање
détergent à lessive en poudre

слаткиши
sucreries

артикли за домаћинство
produits d'entretien ménager

средства за чишћење
produits d'entretien

продавачица
vendeuse

благајна
caisse

благајник
caissier

листа за куповину
liste de provisions

време рада
heures d'ouverture

новчаник
portefeuille

кредитна картица
carte de crédit

торба
sac

пластична кеса
sac plastique

супермаркет - supermarché

напитци
boissons

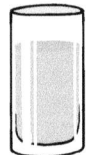

вода

eau

сок

jus

млеко

lait

кола

cola

вино

vin

пиво

bière

алкохол

alcool

какао

cacao

чај

thé

кава

café

еспресо

expresso

капућино

cappuccino

јело
aliments

банана
banane

јабука
pomme

наранџа
orange

лубеница
melon d'eau

лимун
citron

шаргарепа
carotte

бели лук
ail

бамбус
bambou

лук
oignon

гљива
champignon

орашасти плодови
noix

резанци
nouilles

шпагете

spaghettis

рижа

riz

салата

salade

помфрит

frites

печени крумпир

pommes de terre sautées

пица

pizza

хамбургер

hamburger

сендвич

sandwich

шницла

escalope

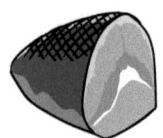

шунка

jambon

салама

salami

кобасица

saucisse

кокош

poulet

печење

rôti

риба

poisson

јело - aliments

зобене пахуљице
gruau d'avoine

мусли
muesli

кукурузне пахуљице
flocons de maïs

брашно
farine

кроасан
croissant

пециво
petit pain

хлеб
pain

тоаст
rôtie

кекси
biscuits

маслац
beurre

свежи сир
caillé

колач
gâteau

јаје
œuf

јаје на око
œuf miroir

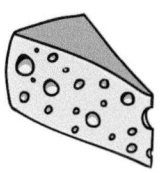

сир
fromage

jelo - aliments

сладолед
crème glacée

шећер
sucre

мед
miel

мармелада
confiture

нугат крема
crème de nougat

кари
cari

јело - aliments

сеоско газдинство
ferme

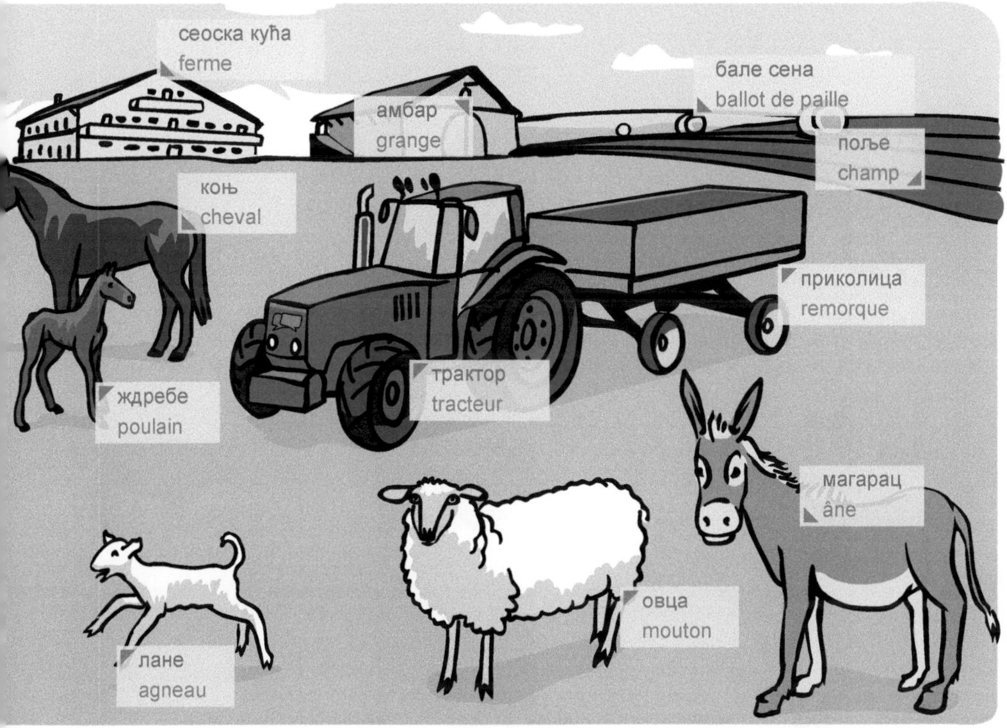

сеоска кућа / ferme
амбар / grange
бале сена / ballot de paille
поље / champ
коњ / cheval
приколица / remorque
ждребе / poulain
трактор / tracteur
магарац / âne
лане / agneau
овца / mouton

коза
chèvre

крава
vache

теле
veau

свиња
porc

прасе
porcelet

бик
taureau

гуска
oie

патка
canard

пилићи
poussin

кокош
poule

петао
coq

пацов
rat

мачка
chat

миш
souris

вол
bœuf

пас
chien

кућица за пса
niche

вртно црево
tuyau d'arrosage

канта за поливање
arrosoir

коса
FALSE

плуг
charrue

сеоско газдинство - ferme

срп
faucille

мотика
binette

виљушка за ђубриво
fourche à foin

секира
hache

тачке
brouette

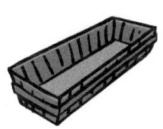

корито
auge

посуда за млеко
pot à lait

врећа
grand sac

ограда
clôture

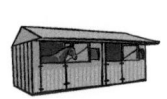

штала
écurie

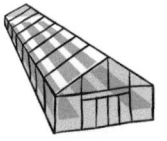

стакленик
serre

земља
sol

семе
graines

ђубриво
engrais

комбајн
moissonneuse-batteuse

сеоско газдинство - ferme

жети
récolter

жетва
récolte

јамс зачин
igname

пшеница
blé

соја
soja

крумпир
pomme de terre

кукуруз
maïs

уљана репица
graine de colza

воћка
arbre fruitier

гомољ маниоке
manioc

житарице
grains

сеоско газдинство - ferme

кућа
maison

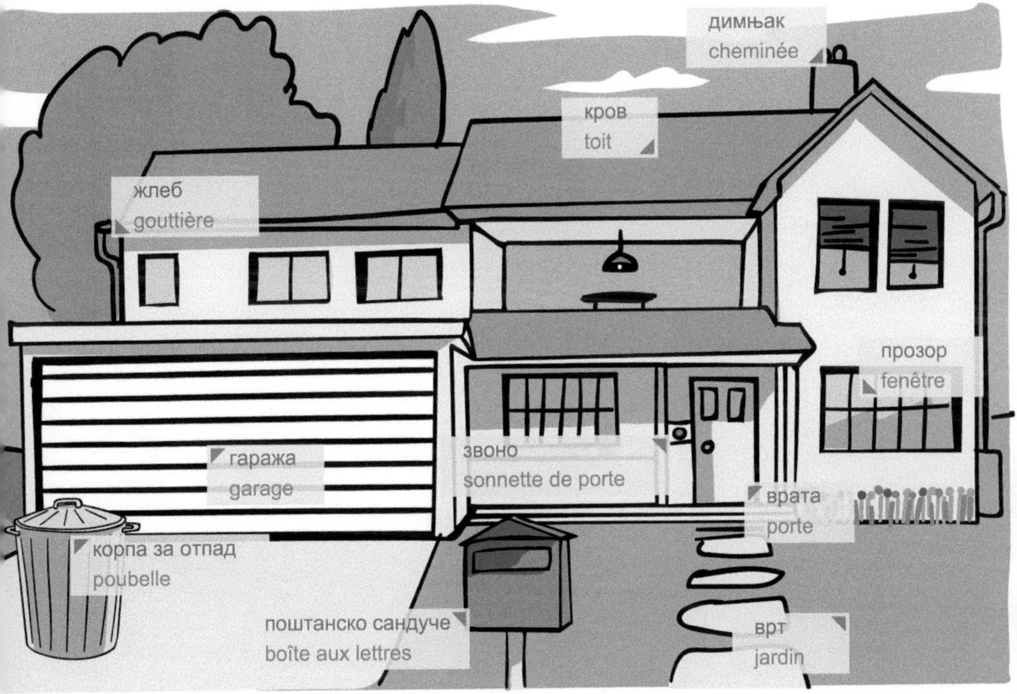

димњак / cheminée
кров / toit
жлеб / gouttière
прозор / fenêtre
гаража / garage
звоно / sonnette de porte
врата / porte
корпа за отпад / poubelle
поштанско сандуче / boîte aux lettres
врт / jardin

дневна соба
salle de séjour

купаоница
salle de bains

кухиња
cuisine

спаваћа соба
chambre à coucher

дечија соба
chambre d'enfant

трпезарија
salle à manger

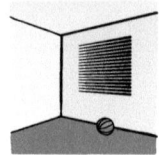

под
plancher

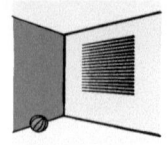

зид
mur

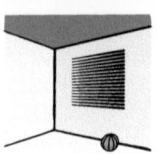

строп
plafond

подрум
cellier

сауна
sauna

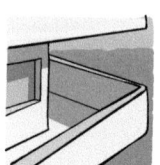

балкон
balcon

тераса
terrasse

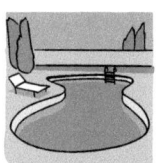

базен
piscine

косилица за траву
tondeuse à gazon

постељина за кревет
drap

дека за кревет
jeté de lit

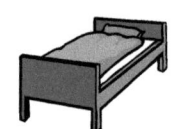

кревет
lit

метла
balai

канта
seau

прекидач
interrupteur

кућа - maison

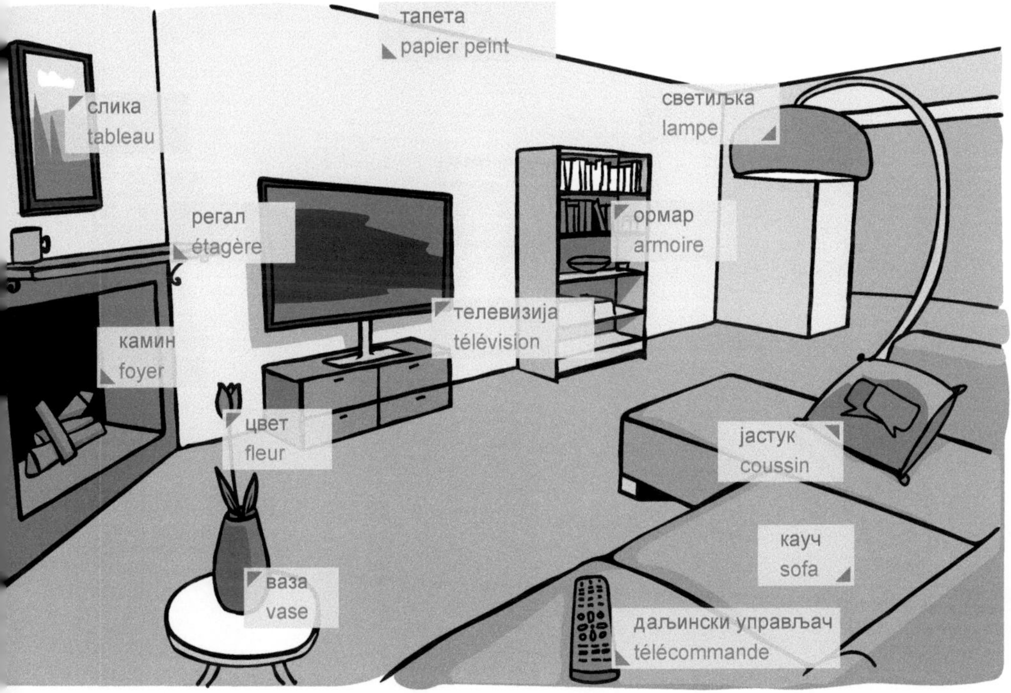

дневна соба
salle de séjour

- тапета / papier peint
- слика / tableau
- светиљка / lampe
- регал / étagère
- ормар / armoire
- камин / foyer
- телевизија / télévision
- цвет / fleur
- јастук / coussin
- кауч / sofa
- ваза / vase
- даљински управљач / télécommande

тепих
tapis

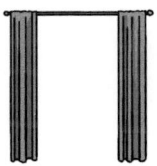

завеса
rideau

сто
table

столица
chaise

столица за њихање
berceuse

фотеља
fauteuil

књига — livre
дека — couverte
декорација — décoration

дрво за огрев — bois de chauffage
филм — film
хи-фи уређај — chaîne hi-fi

кључ — clé
новине — journal
слика на платну — peinture

постер — affiche
радио — radio
блок за писање — bloc-notes

усисивач — aspirateur
кактус — cactus
свећа — chandelle

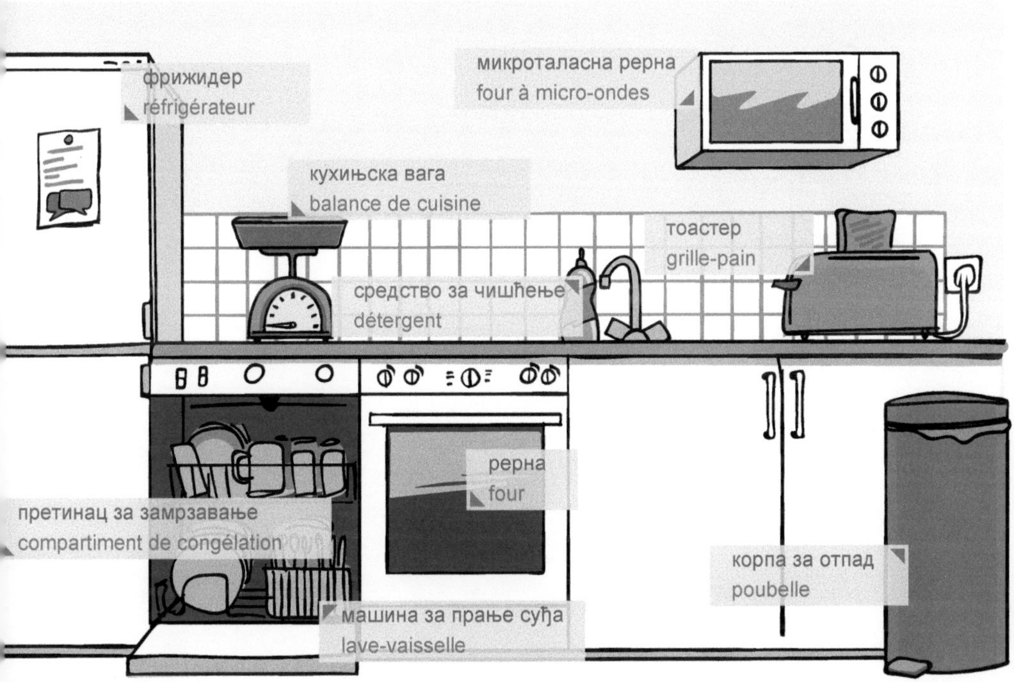

кухиња
cuisine

- фрижидер / réfrigérateur
- микроталасна рерна / four à micro-ondes
- кухињска вага / balance de cuisine
- средство за чишћење / détergent
- тоастер / grille-pain
- претинац за замрзавање / compartiment de congélation
- рерна / four
- корпа за отпад / poubelle
- машина за прање суђа / lave-vaisselle

шпорет
cuisinière

лонац
marmite

гвоздени лонац
cocotte en fonte

вок / кадаи
wok / kadai

тава
poêle

кувало за воду
bouilloire

кухиња - cuisine

кувало на пару
cuiseur à vapeur

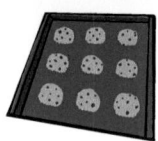
лим за печење
plaque à pâtisserie

посуђе
vaisselle

чаша
grande tasse

посуда
bol

штапићи за јело
baguettes

кутлача
louche

лопатица
spatule

пењача
fouet

сито за кување
passoire

сито
tamis

рибеж
râpe

мужар
mortier

роштиљ
barbecue

огњиште
foyer

кухиња - cuisine

даска
planche à découper

оклагија
rouleau à pâtisserie

вадичеп
tire-bouchon

конзерва
boîte à conserves

отварач конзерви
ouvre-boîte

крпа за лонац
mitaine de four

судопер
évier

четка
brosse

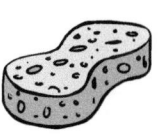
сунђер
éponge

миксер
mélangeur

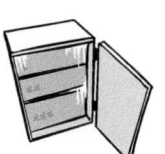
замрзивач
congélateur

флашица за бебе
biberon

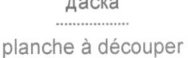
славина за воду
robinet

кухиња - cuisine

37

купаоница
salle de bains

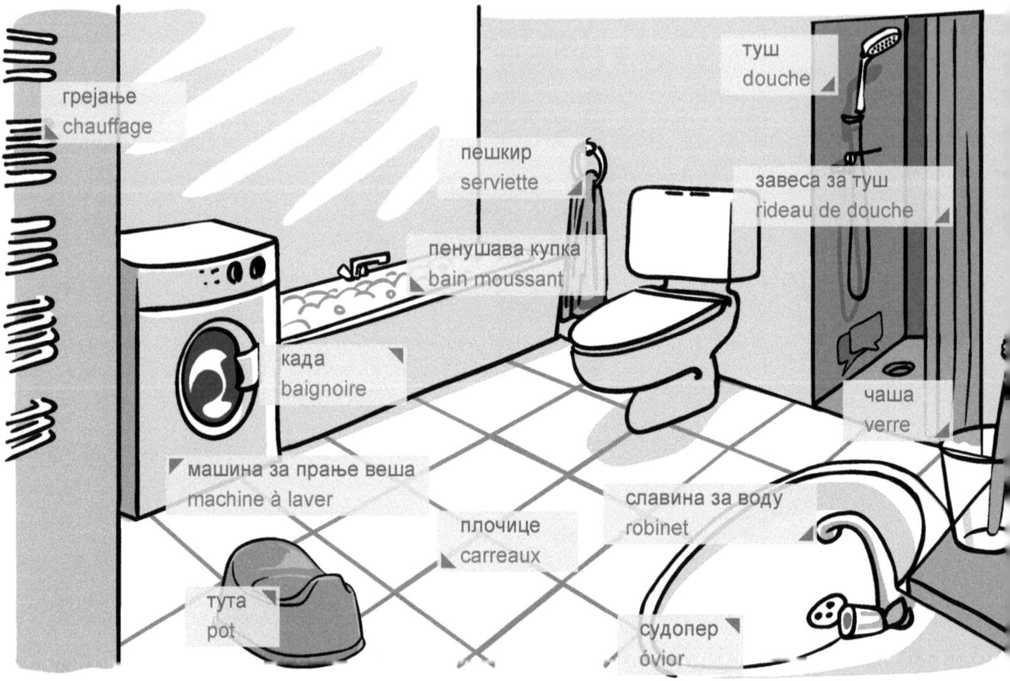

- туш / douche
- грејање / chauffage
- пешкир / serviette
- завеса за туш / rideau de douche
- пенушава купка / bain moussant
- када / baignoire
- чаша / verre
- машина за прање веша / machine à laver
- плочице / carreaux
- славина за воду / robinet
- тута / pot
- судопер / évier

тоалет
toilette

чучавац
toilette turque

бидет
bidet

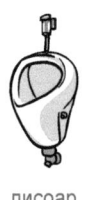

писоар
urinoir

тоалетни папир
papier hygiénique

четка за тоалет
brosse à toilette

четкица за зубе
brosse à dents

паста за зубе
dentifrice

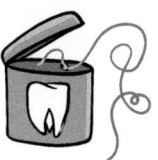

конац за зубе
soie dentaire

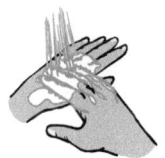

прати
laver

туш ручица
douchette

туш за прање интимних делова
douche vaginale

лавор
cuvette

четка за прање леђа
brosse pour le dos

сапун
savon

гел за туширање
gel douche

шампон
shampoing

крпа за прање
débarbouillette

одвод
drain

крема
crème

дезодоранс
déodorant

купаоница - salle de bains

огледало
miroir

козметичко огледало
miroir à main

бријач
rasoir

пена за бријање
mousse à raser

лосион за после бријања
après-rasage

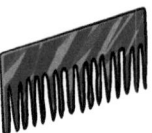
чешаљ
peigne

четка
brosse

фен за косу
sèche-cheveux

спреј за косу
laque

шминка
maquillage

руж за усне
rouge à lèvres

лак за нокте
vernis à ongles

вата
ouate

маказе за нокте
ciseaux à ongles

парфем
parfum

купаоница - salle de bains

козметичка торбица

trousse de toilette

столица

tabouret

вага

pèse-personne

огртач

peignoir

рукавице за чишћење

gants de caoutchouc

тампон

tampon

уложак

serviette hygiénique

хемијски тоалет

toilette chimique

купаоница - salle de bains

дечија соба
chambre d'enfant

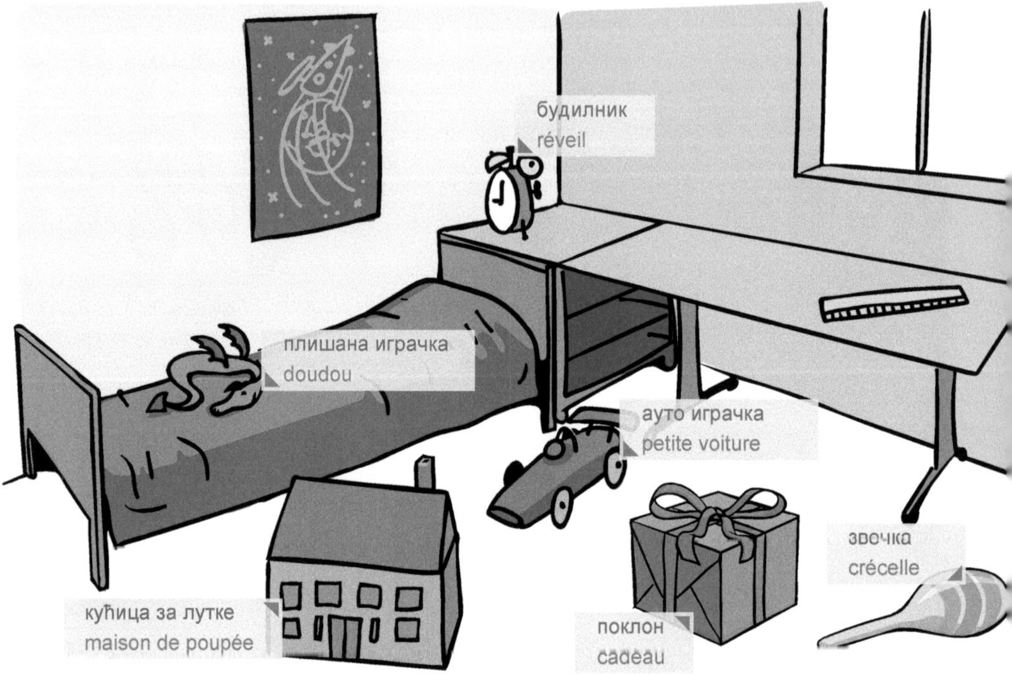

будилник
réveil
плишана играчка
doudou
ауто играчка
petite voiture
звечка
crécelle
кућица за лутке
maison de poupée
поклон
cadeau

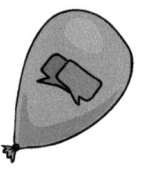

балон

ballon

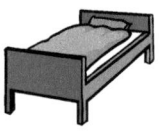

кревет

lit

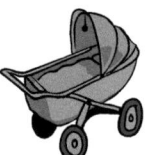

дјечија колица

landau

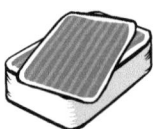

игра са картама

jeu de cartes

слагалица

casse-tête

SUPER
MEGA

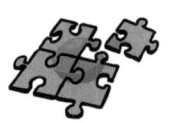

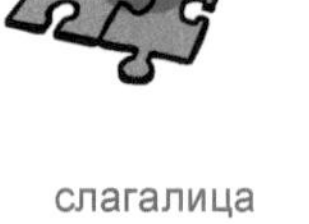

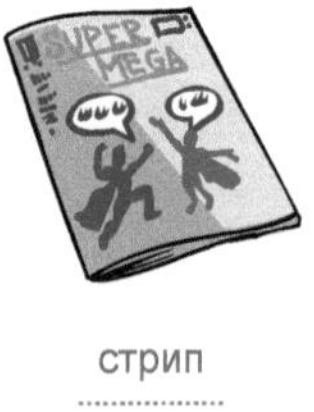

стрип

bande dessinée

лего коцкице
blocs LEGO

коцкице за слагање
jeu de briques

акциони јунак
figurine articulée

бенкица за бебе
dormeuse

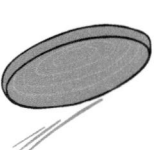

フризби
disque volant

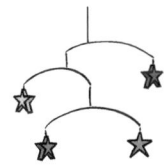

висеће играчке
mobile

друштвене игре
jeu de société

коцка
dé

минијатурна жељезница
ensemble de modèles de train

дуда
mannequin

забава
fête

сликовница
livre d'images

лопта
balle

лутка
poupée

играти
jouer

дечија соба - chambre d'enfant

пешчаник
bac à sable

љуљачка
balançoire

играчка
jouets

конзола за игре
console de jeu vidéo

трицикл
tricycle

теди
ours en peluche

ормар
garde-robe

одећа
vêtements

кратке чарапе
chaussettes

чарапе
bas

хулахопке
collant

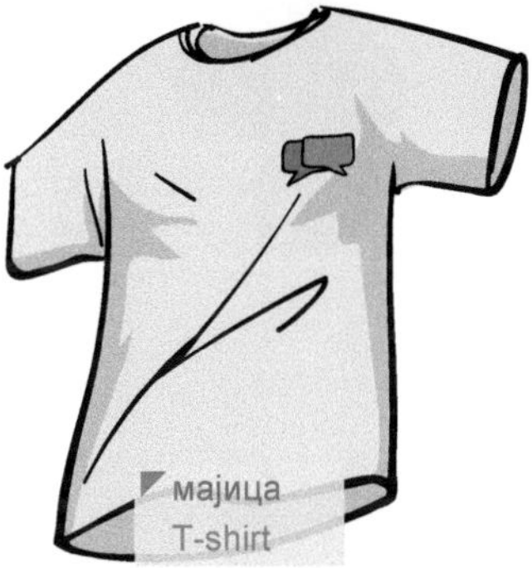

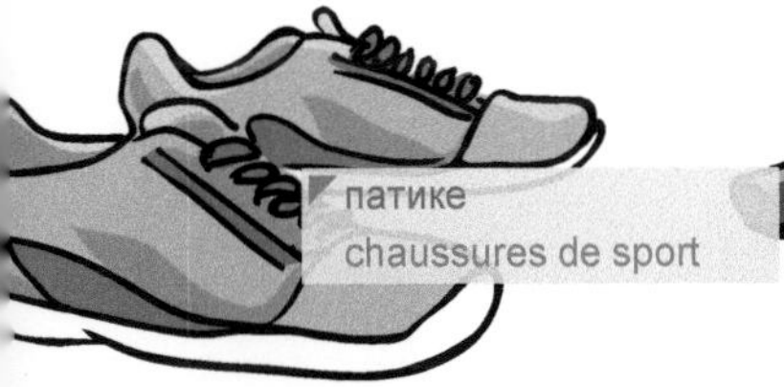

шал / écharpe

каиш / ceinture

кишобран / parapluie

мајица / T-shirt

патике / chaussures de sport

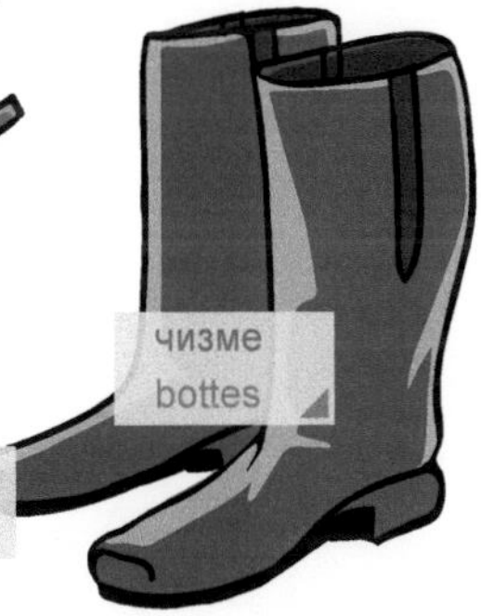

чизме / bottes

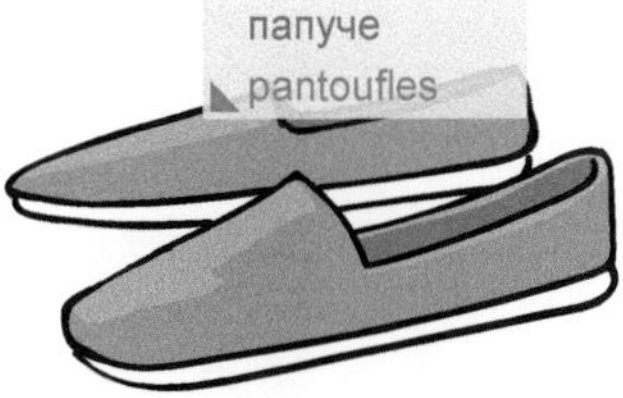

папуче / pantoufles

сандале
sandales

ципеле
souliers

гумене чизме
bottes de caoutchouc

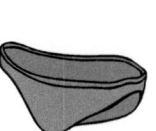

гаћице
sous-vêtements

грудњак
soutien-gorge

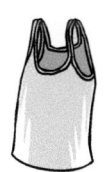

поткошуља
gilet

одећа - vêtements

 боди / body	 панталоне / pantalon	 фармерке / jean
 сукња / jupe	 блуза / chemisier	 кошуља / chemise
 џемпер / chandail	 џемпер с капуљачом / chandail à capuche	 сако / blazer
 јакна / veste	 мантил / manteau	 кабаница / manteau de pluie
 костим / complet	 хаљина / robe	 венчаница / robe de mariée

одећа - vêtements

одело
tailleur

спаваћица
chemise de nuit

пиџама
pyjama

сари
sari

марама за главу
foulard

турбан
turban

бурка
burqa

кафтан
cafetan

абаја
abaya

купаћи костим
maillot de bain

купаће гаћице
maillot short

кратке панталоне
culotte courte

одећа за тренинг
survêtement

кецеља
tablier

рукавице
mitaines

одећа - vêtements 47

дугме
bouton

наочаре
lunettes

наруквица
bracelet

огрлица
collier

прстен
bague

наушница
boucle d'oreille

капа
tuque

вешалица
cintre

шешир
chapeau

кравата
cravate

патент затварач
fermeture à glissière

кацига
casque

нараменице
bretelles

школска униформа
uniforme scolaire

униформа
uniforme

одећа - vêtements

подбрадак
bavoir

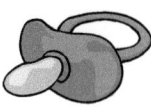

дуда
mannequin

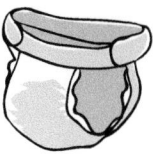

пелена
couche

канцеларија
bureau

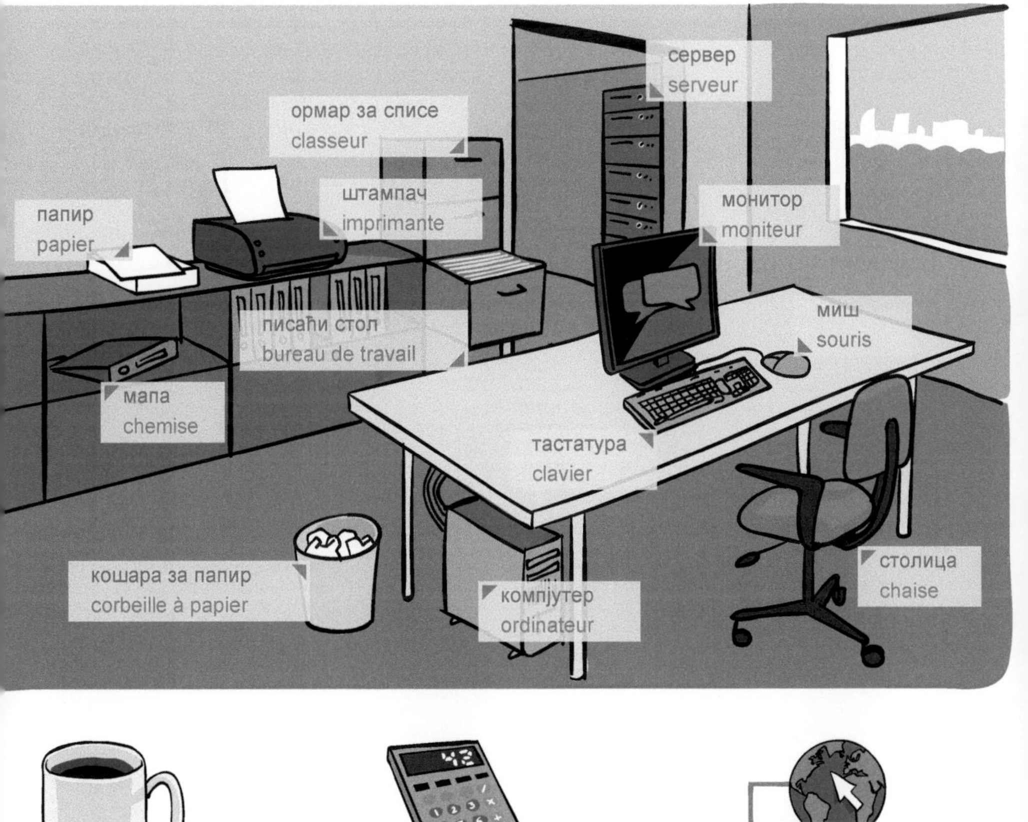

сервер
serveur

ормар за списе
classeur

штампач
imprimante

папир
papier

монитор
moniteur

писаћи сто
bureau de travail

миш
souris

мапа
chemise

тастатура
clavier

кошара за папир
corbeille à papier

компјутер
ordinateur

столица
chaise

шалица за каву
grande tasse à café

калкулатор
calculatrice

интернет
Internet

лаптоп	писмо	порука
ordinateur portable	lettre	message

мобилни телефон	мрежа	уређај за копирање
téléphone cellulaire	réseau	photocopieur

софтвер	телефон	утичница
logiciel	téléphone	prise de courant

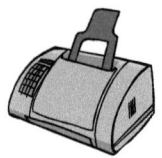
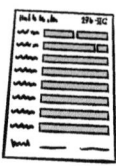

факс	формулар	документ
télécopieur	formulaire	document

канцеларија - bureau

економија
économie

куповати
acheter

платити
payer

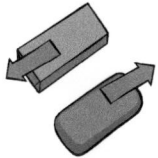
трговати
commercer

новац
argent

долар
dollar

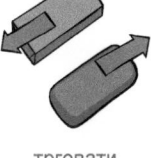

евро
euro

јен
yen

рубља
rouble

швајцарски франак
franc suisse

ренминдби јуан
renminbi yuan

рупија
roupie

аутомат за новац
distributeur de billets

мењачница
bureau de change

злато
or

сребро
argent

нафта
pétrole

енергија
énergie

цена
prix

уговор
contrat

порез
taxe

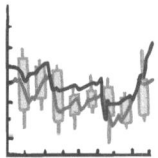

деонице
actions

радити
travailler

службеник
employé

послодавац
employeur

фабрика
usine

продавница
magasin

занимања
professions

полицајац
agent de police

ватрогасац
pompier

кувар
cuisinier

лекар
docteur

пилот
pilote

вртлар
jardinier

столар
charpentier

кројачица
couturier

судија
juge

хемичар
pharmacien

глумац
acteur

занимања - professions

возач аутобуса	возач такси ја	рибар
chauffeur d'autobus	chauffeur de taxi	pêcheur

чистачица	кровопокривач	конобар
femme de ménage	couvreur	serveur

ловац	сликар	пекар
chasseur	peintre	boulanger

електричар	грађевински радник	инжењер
électricien	constructeur de bâtiments	ingénieur

месар	лимар	поштар
boucher	plombier	facteur

занимања - professions

војник
soldat

архитекта
architecte

благајник
caissier

цвећар
fleuriste

фризер
coiffeur

кондуктер
chef de train

механичар
mécanicien

капетан
capitaine

зубар
dentiste

научник
scientifique

раби
rabbin

имам
imam

монах
moine

свећеник
ecclésiastique

занимања - professions

алати
outils

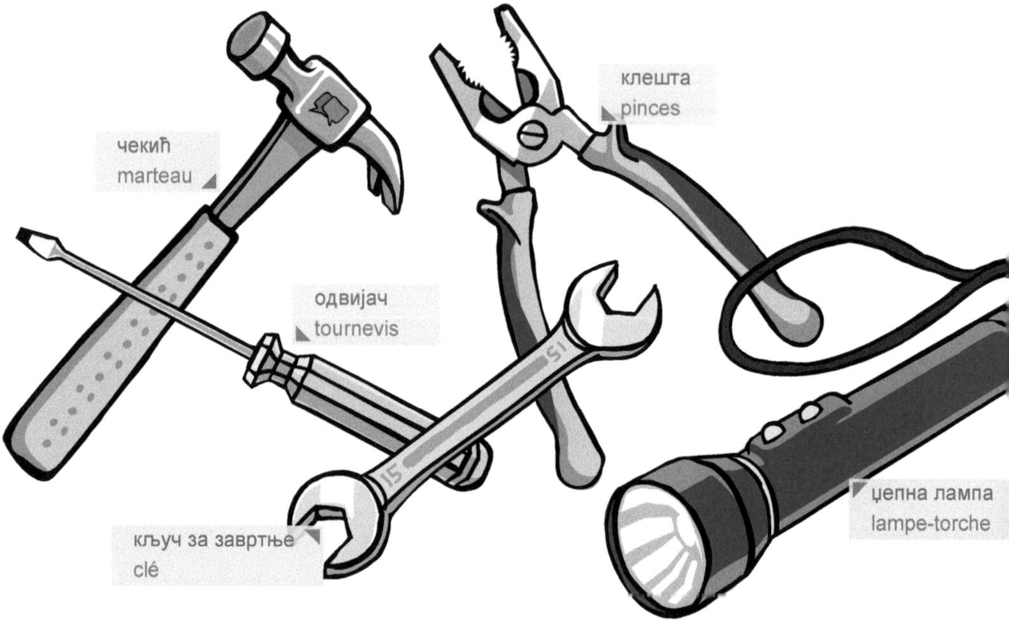

чекић
marteau

клешта
pinces

одвијач
tournevis

кључ за завртње
clé

џепна лампа
lampe-torche

багер
excavatrice

кутија за алат
boîte à outils

мердевине
échelle

пила
scie

ексер
clous

бушилица
perceuse

алати - outils

поправити
réparer

лопата
pelle

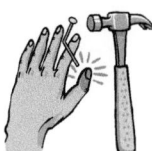

до ђавола!
tabarnouche

лопатица
pelle à poussière

лонац за боју
pot de peinture

завртањи
vis

музички инструмент
instruments de musique

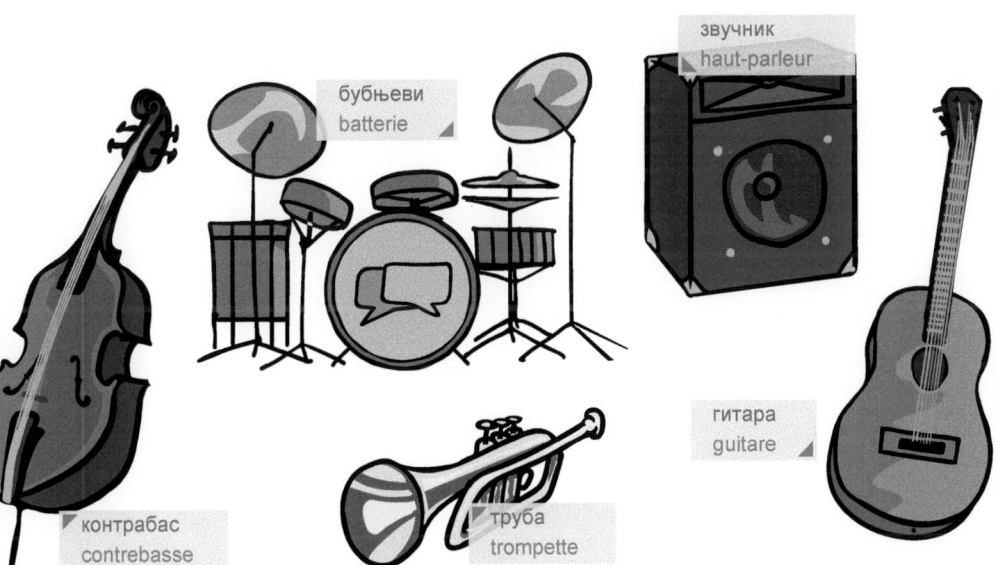

- контрабас / contrebasse
- бубњеви / batterie
- звучник / haut-parleur
- гитара / guitare
- труба / trompette

клавир	виолина	бас
piano	violon	basse

тимпани	удараљке за бубњеве	типке клавира
timbales	tambour	synthétiseur

саксофон	флаута	микрофон
saxophone	flûte	microphone

зоолошки врт
zoo

тигар / tigre

улаз / entrée

кавез / cage

зебра / zèbre

храна за животиње / nourriture pour animaux

панда / panda

животиње
animaux

слон
éléphant

кенгур
kangourou

носорог
rhinocéros

горила
gorille

медвед
ours

камила
chameau

ној
autruche

лав
lion

мајмун
singe

фламинго
flamand rose

папагај
perroquet

поларни медвед
ours polaire

пингвин
pingouin

ајкула
requin

паун
paon

змија
serpent

крокодил
crocodile

чувар у зоолошком врту
gardien de zoo

туљан
phoque

јагуар
jaguar

ЗООЛОШКИ ВРТ - ZOO

пони
poney

леопард
léopard

нилски коњ
hippopotame

жирафа
girafe

орао
aigle

дивља свиња
sanglier

риба
poisson

корњача
tortue

морж
morse

лисица
renard

газела
gazelle

зоолошки врт - zoo

спорт
sports

активности
activités

скочити / sauter
загрлити / serrer dans les bras
смејати се / rire
ићи / marcher
певати / chanter
молити се / prier
пољубити / embrasser
сањати / rêver

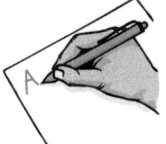

писати
écrire

цртати
dessiner

показати
montrer

гурати
pousser

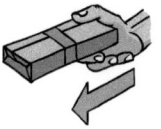

дати
donner

узети
prendre

активности - activités

имати
avoir

чинити
faire

бити
être

стојати
être debout

трчати
courir

повлачити
tirer

бацити
jeter

падати
tomber

лежати
s'allonger

чекати
attendre

носити
porter

седити
s'asseoir

облачити
s'habiller

спавати
dormir

пробудити се
se réveiller

активности - activités

гледати
regarder

плакати
pleurer

миловати
caresser

чешљати
peigner

говорити
parler

разумети
comprendre

питати
demander

слушати
écouter

пити
boire

јести
manger

поспремити
ranger

волети
aimer

кухати
cuisiner

возити
conduire

летети
voler

активности - activités

пловити
faire de la voile

рачунати
calculer

читати
lire

учити
apprendre

радити
travailler

венчати се
se marier

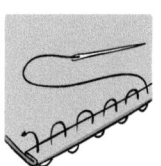

шити
coudre

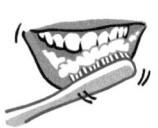

прати зубе
brosser les dents

убити
tuer

пушити
fumer

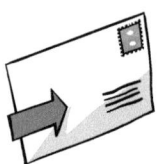

послати
envoyer

породица
famille

бака / grand-mère
деда / grand-père
отац / père
мајка / mère
беба / bébé
ћерка / fille
син / fils

гост
invité

тетка
tante

ујак, стриц
oncle

брат
frère

сестра
sœur

тело
corps

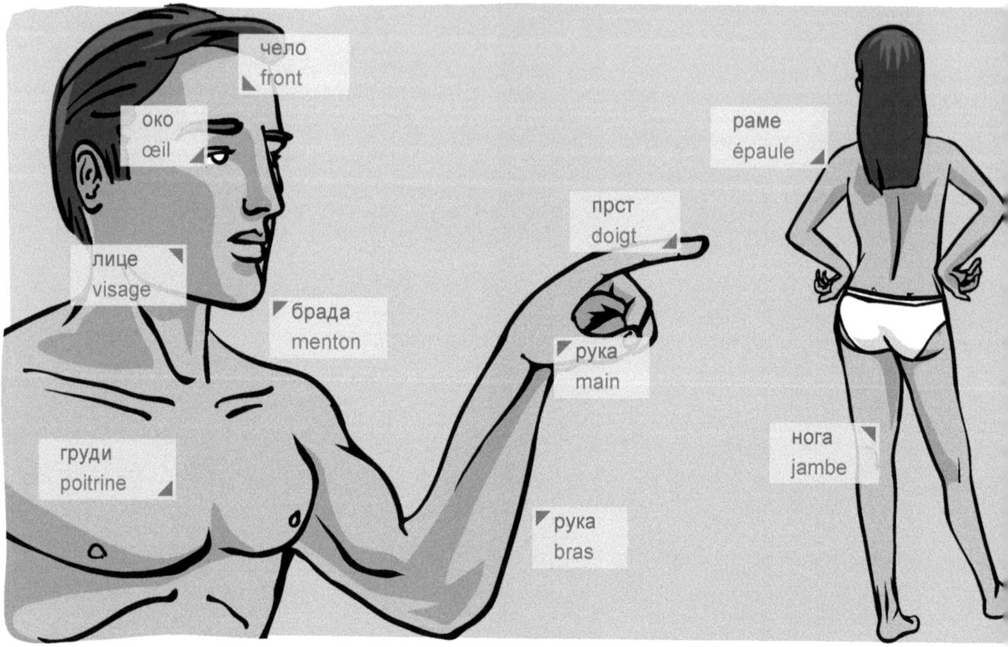

чело / front
око / œil
лице / visage
брада / menton
груди / poitrine
раме / épaule
прст / doigt
рука / main
рука / bras
нога / jambe

беба
bébé

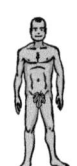

мушкарац
homme

жена
femme

девојчица
fille

дечак
garçon

глава
tête

	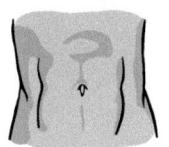	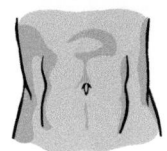
леђа dos	стомак ventre	пупак nombril
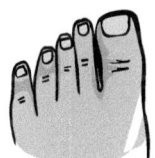	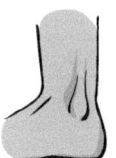	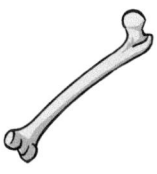
ножни прст orteil	пета talon	кост os
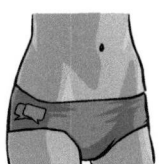		
кукови hanche	колено genou	лакат coude
		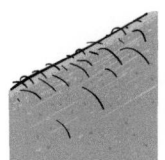
нос nez	задњица derrière	кожа peau
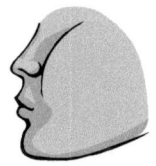	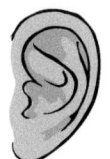	
образ joue	уво oreille	усна lèvre

тело - corps

уста
bouche

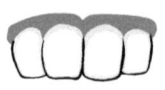

зуб
dent

језик
langue

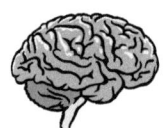

мозак
cerveau

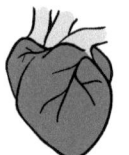

срце
cœur

мишић
muscle

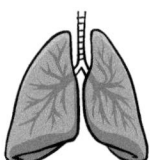

плућа
poumon

јетра
foie

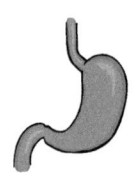

желудац
estomac

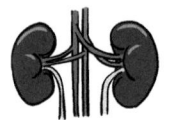

бубрези
reins

полни однос
rapport sexuel

кондом
condom

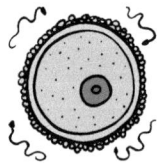

јајна ћелија
ovule

сперма
sperme

трудноћа
grossesse

тело - corps

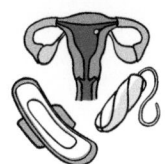

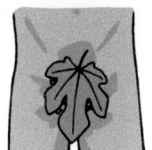

менструација — menstruation

вагина — vagin

пенис — pénis

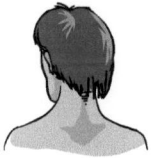

обрва — sourcil

коса — cheveux

врат — cou

тело - corps

болница
hôpital

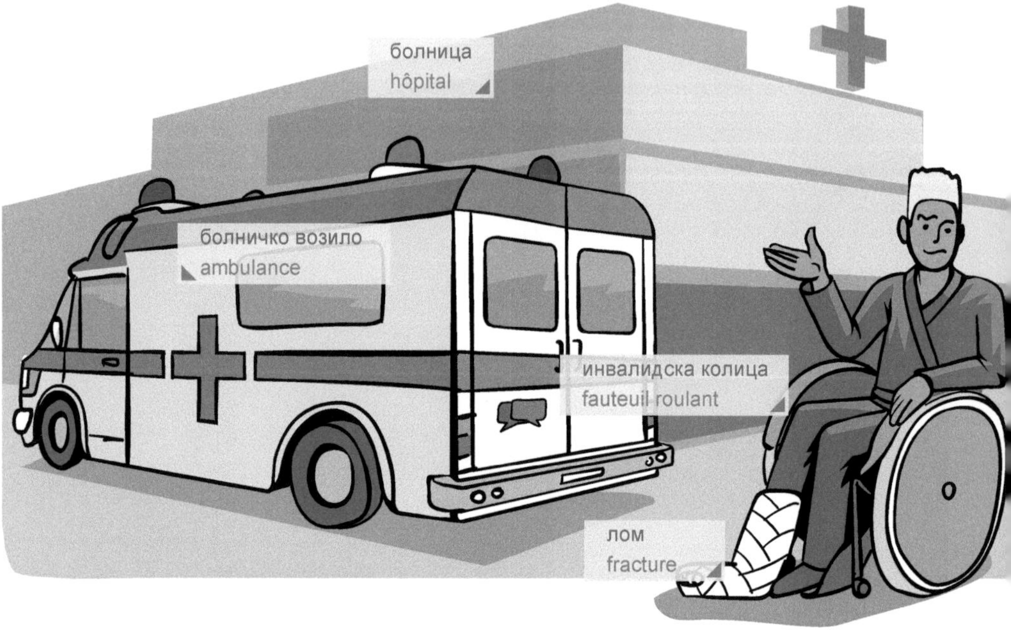

болница
hôpital

болничко возило
ambulance

инвалидска колица
fauteuil roulant

лом
fracture

лекар

docteur

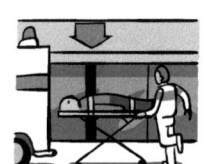

хитна медицинска служба

salle des urgences

медицинска сестра

infirmier

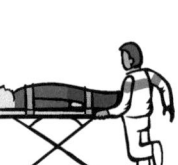

хитни случај

urgence

несвест

inconscient

бол

douleur

болница - hôpital

повреда
blessure

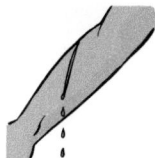

крварење
saignement

срчани удар
crise cardiaque

удар
AVC

алергија
allergie

кашаљ
toux

грозница
fièvre

грипа
grippe

пролив
diarrhée

главобоља
mal de tête

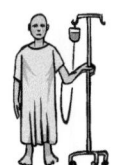

рак
cancer

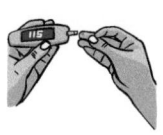

дијабетес
diabète

хирург
chirurgien

скалпел
scalpel

операција
opération

болница - hôpital

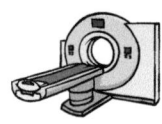
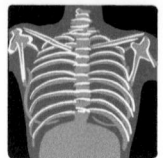
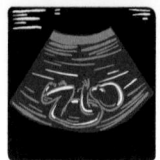

цт	рентген	ултразвук
tomodensitométrie	radiographie	ultrason

маска	болест	чекаона
masque	maladie	salle d'attente

штака	фластер	завој
béquille	sparadrap	bandage

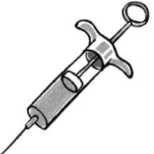
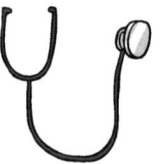
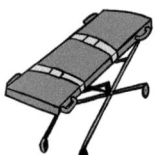

ињекција	стетоскоп	носила
injection	stéthoscope	brancard

термометар	рођење	прекомерна тежина
thermomètre médical	accouchement	excès de poids

слушни апарат appareil auditif	средство за дезинфекцију désinfectant	инфекција infection

вирус virus	хив / аидс VIH / Sida	медицина médicament
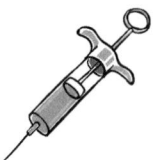	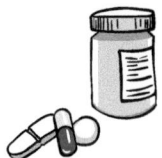	
вакцинација vaccination	таблете comprimés	пилула pilule

хитни позив appel d'urgence	уређај за мерење притиска tensiomètre	болесно / здраво malade / en bonne santé

болница - hôpital

хитни случај
urgence

помоћ! Au secours !	 аларм alarme	 насртај assaut
 напад attaque	 опасност danger	 излаз у случају нужде sortie de secours
пожар! Au feu !	 противпожарни апарат extincteur	 незгода accident
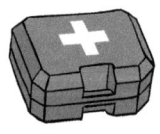 кутија прве помоћи trousse de premiers soins	 сос SOS	 полиција police

земља
Terre

Европа
Europe

Северна Америка
Amérique du Nord

Јужна Америка
Amérique du Sud

Африка
Afrique

Азија
Asie

Аустралија
Australie

Атлантик
océan Atlantique

Пацифик
océan Pacifique

Индијски океан
océan Indien

Антарктички океан
océan Antarctique

Арктички океан
océan Arctique

Северни рол
Pôle Nord

Јужни рол
Pôle Sud

Антарктик
Antarctique

земља
Terre

земља
terre

море
mer

оток
île

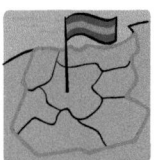
нација
nation

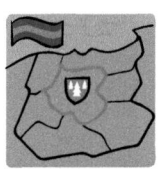
држава
État

сат
heure

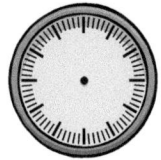
бројчаник сата
cadran

сатна казаљка
aiguille des heures

минутна казаљка
aiguille des minutes

секундна казаљка
aiguille des secondes

Колико је сати?
Quelle heure est-il ?

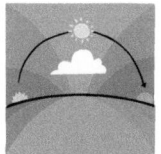
дан
jour

време
temps

сада
maintenant

дигитални сат
montre à affichage numérique

минута
minute

час
heure

седмица
semaine

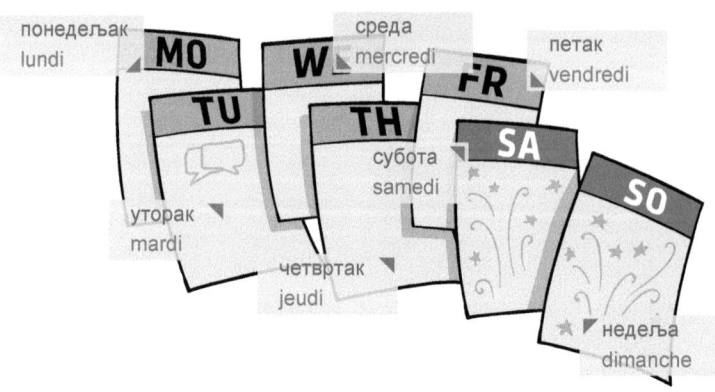

понедељак / lundi
среда / mercredi
петак / vendredi
уторак / mardi
четвртак / jeudi
субота / samedi
недеља / dimanche

јуче
hier

данас
aujourd'hui

сутра
demain

јутро
matin

подне
midi

вече
soir

радни дани
jours ouvrables

викенд
fin de semaine

година

année

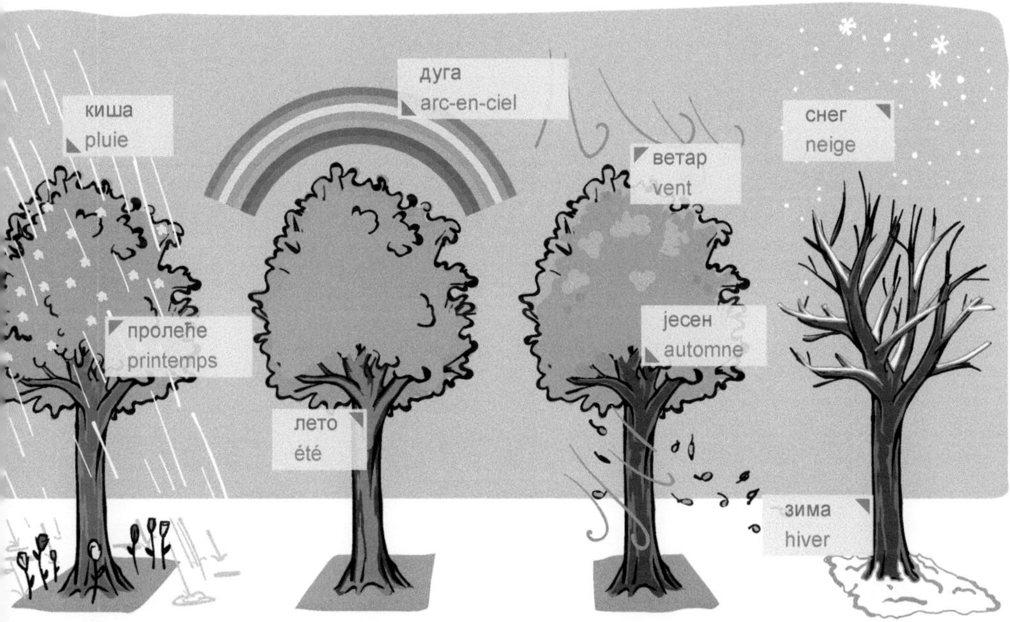

киша
pluie
дуга
arc-en-ciel
ветар
vent
снег
neige
пролеће
printemps
јесен
automne
лето
été
зима
hiver

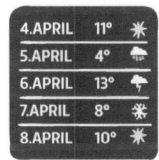

4.APRIL 11°
5.APRIL 4°
6.APRIL 13°
7.APRIL 8°
8.APRIL 10°

етеоролошка прогноза

évisions météorologiques

F C
120 40
90 30
60 20
30 10
0 0
-30 -10
-20

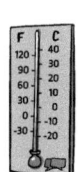

термометар

thermomètre

сунчана светлост

rayons du soleil

облак

nuage

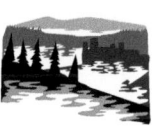

магла

brouillard

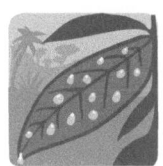

влажност ваздуха

humidité

муња
foudre

грмљавина
tonnerre

олуја
tempête

туча
grêle

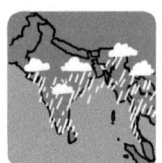

монсун
mousson

поплава
inondation

лед
glace

јануар
janvier

фебруар
février

март
mars

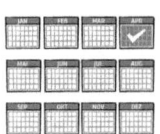

април
avril

мај
mai

јуни
juin

јули
juillet

август
août

година - année

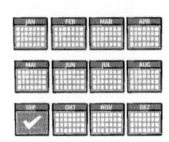
септембар
septembre

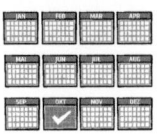
октобар
octobre

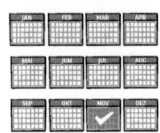
новембар
novembre

децембар
décembre

облици
formes

круг
cercle

квадрат
carré

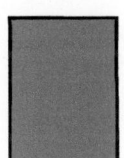
правоугао
rectangle

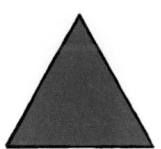
троугао
triangle

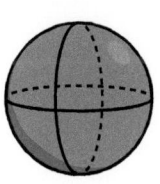
кугла
sphère

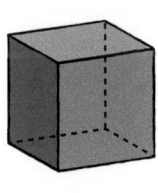
коцка
cube

боје
couleurs

бела

blanc

жута

jaune

наранџаста

orange

ружичаста

rose

црвена

rouge

љубичаста

violet

плава

bleu

зелена

vert

смеђа

marron

сива

gris

црна

noir

супротности
opposés

много / мало   љутито / мирно   лепо / ружно
beaucoup / un peu   en colère / calme   beau / laid

почетак / крај   велико / малено   светло / тамно
début / fin   grand / petit   lumineux / sombre

брат / сестра   чисто / прљаво   потпуно / непотпуно
frère / sœur   propre / sale   complet / incomplet

дан / ноћ   мртво / живо   широко / уско
jour / nuit   mort / vivant   large / étroit

јестиво / нејестиво

comestible / non comestible

зло / добро

méchant / gentil

узбуђено / досадно

être enthousiaste / s'ennuyer

дебело / мршаво

gros / mince

на почетку / на крају

premier / dernier

пријатељ / непријатељ

ami / ennemi

пуно / празно

plein / vide

тврдо / мекано

dur / mou

тешко / лагано

lourd / léger

глад / жеђ

faim / soif

болесно / здраво

malade / en bonne santé

илегално / легално

illégal / légal

паметно / глупо

intelligent / stupide

лево / десно

gauche / droite

близу / далеко

proche / loin

ново / половно
neuf / usagé

ништа / нешто
rien / quelque chose

старо / младо
vieux / jeune

укључено / искључено
marche / arrêt

отворено / затворено
ouvert / fermé

тихо / гласно
calme / bruyant

богато / сиромашно
riche / pauvre

тачно / погрешно
correct / incorrect

храпаво / глатко
rugueux / lisse

тужно / сретно
triste / heureux

кратко / дуго
court / long

полако / брзо
lent / rapide

мокро / сухо
mouillé / sec

топло / хладно
chaud / froid

рат / мир
guerre / paix

супротности - opposés

бројеви
nombres

0

нула
zéro

1

један
un

2

два
deux

3

три
trois

4

четири
quatre

5

пет
cinq

6

шест
six

7

седам
sept

8

осам
huit

9

девет
neuf

10

десет
dix

11

једанаест
onze

12

дванаест
douze

13

тринаест
treize

14

четрнаест
quatorze

15

петнаест
quinze

16

шестнаест
seize

17

седамнаест
dix-sept

18

осамнаест
dix-huit

19

деветнаест
dix-neuf

20

двадесет
vingt

100

стотину
cent

1.000

хиљаду
mille

1.000.000

милион
million

језици
langues

енглески

anglais

амерички енглески

anglais américain

мандарински кинески

chinois mandarin

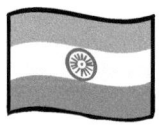

хиндски

hindi

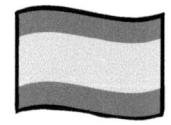

шпански

espagnol

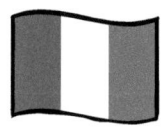

француски

français

арапски

arabe

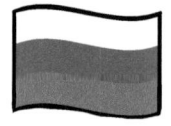

руски

russe

португалски

portugais

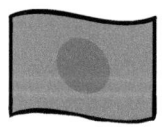

бенгалски

bengali

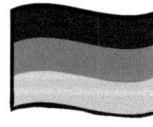

немачки

allemand

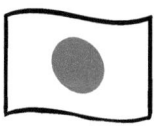

јапански

japonais

ко / шта / како
qui / quoi / comment

ja
je

ти
tu

он / она / оно
il / elle / ce, c', cela

ми
nous

ви
vous

они
ils / elles

Ко?
qui ?

Шта?
quoi ?

Како?
comment ?

Где?
où ?

Када?
quand ?

име
nom

где
où

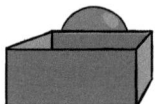

иза
derrière

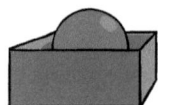

у
dans

испред
devant

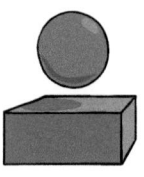

преко
au-dessus

на
sur

испод
en dessous

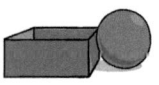

поред
à côté de

између
entre

место
endroit